TRIBUNAL DE COMMERCE DE ROUEN

PROPOSITIONS DE LOI

RELATIVES AUX

PROTÊTS

EXTRAIT DU REGISTRE DES DÉLIBÉRATIONS

ROUEN

IMPRIMERIE CH.-F. LAPIERRE

RUE SAINT-ÉTIENNE-DES-TONNELIERS

—

1890

TRIBUNAL DE COMMERCE DE ROUEN

PROPOSITIONS DE LOI

RELATIVES AUX

PROTÊTS

EXTRAIT DU REGISTRE DES DÉLIBÉRATIONS

ROUEN

IMPRIMERIE CH.-F. LAPIERRE

RUE SAINT-ÉTIENNE-DES-TONNELIERS

1890

PROPOSITIONS DE LOI

RELATIVES AUX

PROTÊTS

EXTRAIT DU REGISTRE DES DÉLIBÉRATIONS

Séance du 16 *Octobre* 1890

L'ordre du jour appelle la délibération du Tribunal sur les propositions de loi relatives aux protêts.

M. H. Offroy, juge, au nom de la Commission chargée de l'examen des propositions, composée de MM. Offroy, Goubert et Fortier, donne lecture du rapport suivant :

A Messieurs les Président et Juges du Tribunal de Commerce de Rouen.

MESSIEURS,

M. le Ministre du Commerce a, par lettre du 30 juin 1890, invité votre Tribunal :

1° A examiner la proposition de loi sur les protêts, présentée par M. Rabier, député ;

2° A examiner le texte du projet de loi élaboré sur la même question par la Commission de la Chambre des Députés ;

3° A proposer telles modifications que votre Tribunal juge-rait convenable d'apporter à la législation actuelle concernant les protêts.

Vous aviez nommé une Commission de trois membres chargés d'étudier cette question.

J'ai l'honneur de vous présenter le résumé des opinions qui ont prévalu au sein de cette Commission.

1° Projet de M. Rabier.

Bien que ce projet apporte des modifications à de nombreux articles du Code, la plupart des articles ne sont modifiés qu'en raison même des changements apportés aux art. 119 et 120 concernant le protêt faute d'acceptation, et aux art. 162, 164, 165, concernant le protêt faute de paiement.

Je me bornerai donc à l'examen de ces articles, et pour faciliter la comparaison de la loi actuelle avec la loi proposée, je rappellerai la teneur des articles en vigueur.

Législation actuelle.	*Projet de M. Rabier.*
ART. 119. — Le refus d'acceptation est constaté par un acte que l'on nomme protêt faute d'acceptation.	L'acte nommé protêt, dressé faute d'acceptation ou de paye-ment d'une lettre de change est aboli et ne saurait être remplacé par aucun acte extra-judiciaire.
ART. 120. — Sur la notification du protêt faute d'acceptation, les endosseurs et le tireur sont respectivement te-nus de donner caution pour assurer le payement de la let-tre de change à son échéance ou d'en effectuer le rembour-sement avec les frais de protêt et de rechange.	Le porteur d'une lettre de change qui veut faire constater le refus d'acceptation fait pré-senter la lettre de change au tiré par le service des postes. Le refus est constaté par le mot « refusé » et le timbre à date du bureau de poste. Les endosseurs et les tireurs sont respectivement tenus de

Législation actuelle.

—

La caution, etc.

Art. 162. — Le refus de payement doit être constaté le lendemain du jour de l'échéance par un acte que l'on nomme protèt faute de payement. Si ce jour est un jour férié légal, le protèt est fait le jour suivant.

Projet de M. Rabier.

—

donner caution pour assurer le payement de la lettre de change à son échéance ou d'en effectuer le remboursement avec les frais de rechange.

La caution, etc.

En cas de non payement d'une lettre de change au moment de la présentation, le porteur fait remettre aux tirés, par le service des postes, un bulletin contenant le nom du porteur et celui du tireur ainsi que le montant de la somme à payer.

Un délai de trois jours francs, à compter du jour de la remise de ce bulletin, est accordé aux tirés pour verser les fonds ou les envoyer par la poste au porteur de la lettre de change.

Un duplicata du bulletin, indiquant la date à laquelle il a été délivré et portant l'empreinte du timbre à date du bureau de la poste, est retourné au porteur qui l'annexe à la lettre impayée.

Un droit de 0 fr. 25 par effet est payé, pour ce service, à l'administration des postes, qui fournit gratuitement les bulletins imprimés.

Législation actuelle.	*Projet de M. Rabier.*
Art. 164. — Le porteur d'une lettre de change protestée faute de paiement, peut exercer son action en garantie, etc.	Le porteur d'une lettre de change, à laquelle est joint le bulletin prescrit par l'art. 162, peut exercer son action en garantie, etc.
Art. 165. — Si le porteur exerce le recours individuellement contre son cédant, il doit lui faire notifier le protêt et, à défaut de remboursement, le faire citer en jugement dans les quinze jours qui suivent la date du protêt, etc.	Si le porteur exerce le recours indiqué, individuellement, contre le cédant, il doit lui faire notifier le non payement, dans la même forme que la présentation, et, à défaut de remboursement, le faire citer en jugement, dans les quinze jours qui suivent la date de la constatation de non payement, etc.

Vous le voyez, Messieurs, l'auteur du projet supprime radicalement le protêt et substitue l'office de l'administration des postes à l'office de l'huissier.

En outre, il accorde au débiteur, pour se libérer, un délai de trois jours francs, à compter du jour de la remise du bulletin.

Votre Commission a repoussé, à l'unanimité, ces deux principes.

Elle trouve que les formalités prévues sont insuffisantes pour créer un titre régulier; que la loi, ainsi formulée, conférerait des pouvoirs excessifs à des agents subalternes des postes, qui ne présentent que peu ou point de garanties.

L'administration des postes deviendrait une véritable agence de recouvrements; l'adjonction de ce service financier ne pourrait qu'être nuisible au fonctionnement du service postal, déjà suffisamment chargé.

Enfin, pour les recouvrements faits aujourd'hui par la poste, les frais de retour d'argent sont de un pour cent, et l'auteur du projet ne parle d'apporter aucune modification à ce tarif; il faut donc le supposer maintenu.

Dans cette hypothèse, quelle charge pour le commerce.

Il ne faut pas oublier, en effet, qu'en dehors des grandes villes les recouvrements sont presque toujours effectués par les huissiers, et ce, à des conditions modérées, précisément en raison des bénéfices qu'ils peuvent retirer de la rédaction des protêts.

Le projet de M. Rabier, s'il était adopté, aurait pour effet immédiat d'augmenter les tarifs des recouvrements, au détriment des commerçants solvables et au bénéfice de quelques insolvables.

Enfin, en supposant que cette partie du projet soit adoptée, votre Commission est d'avis de protester contre le délai de trois jours francs accordé au débiteur pour sa libération. Elle trouve les délais actuels suffisants.

L'idée de l'auteur du projet a été, sans doute, de donner des facilités à quelques débiteurs accidentellement gênés; mais les intérêts du créancier ne sont-ils pas aussi respectables? Le tireur seul, en relations directes avec le tiré, peut apprécier si le débiteur mérite intérêt; le tiers porteur ne connaît jamais le débiteur; il est en droit de compter sur ses rentrées, à jour fixe, sous peine d'être gêné lui-même.

Votre Commission proteste donc contre toute augmentation des délais actuels.

Elle vous propose, en conséquence, de repousser le projet Rabier.

Projet de la Commission de la Chambre des Députés.

Ce projet maintient le principe du protêt.

Il ne modifie en rien la loi en ce qui concerne le protêt faute d'acceptation et ne vise que le protêt faute de payement.

Il institue certaines formalités relatives à la présentation, actuellement en usage, mais non obligatoires.

Il modifie les délais dans lesquels le protêt doit être dressé, règle les pouvoirs des huissiers et leurs obligations, enfin le tarif des protêts.

Contrairement à ce que j'ai fait pour le projet Rabier, j'examinerai successivement chacun des articles du projet et ferai suivre le texte des réflexions de la Commission.

Art. 160. — Cet article n'est pas modifié au fond ; il ne s'agit que de détails de rédaction.

Art. 161. — Le porteur d'une lettre de change doit en exiger le payement le jour de son échéance, et en cas de non payement ou d'absence, laisser au débiteur ou au lieu où la lettre de change était payable, un bulletin indiquant son nom et son adresse et le montant du litre.

Cette disposition présente à première vue des avantages ; la pratique l'a reconnu, puisqu'il est d'usage de laisser au domicile du débiteur une fiche portant les indications sus-énoncées ; l'adoption de l'article proposé aurait pour résultat de rendre ce dépôt obligatoire. Mais il y a là une source de difficultés. Le débiteur qui ne paie pas pourra toujours nier qu'il ait reçu la fiche ; comment le porteur prouvera-t-il qu'il a effectué le dépôt ?

Voici, du reste, dans quels termes l'*Union des Banquiers*, gens compétents en la matière, a formulé son opinion sur ce point :

« L'*Union* estime que les mauvais débiteurs ne manqueront pas d'arguer du défaut de présentation de l'effet ; le porteur sera souvent dans l'impossibilité de justifier de cette présentation, le débiteur pouvant habiter un endroit isolé ou être absent. Le débiteur aura intérêt, en tous cas, à nier la présentation, alors même qu'elle aura eu lieu régulièrement. Cette disposition de la loi sera le point de départ d'interminables contestations et d'inextricables difficultés. Le crédit accordé aux effets de commerce s'en ressentira gravement. L'*Union* estime qu'il y a là une innovation aussi dangereuse qu'inutile, car le bulletin de présentation est aujourd'hui d'un usage constant ; mais n'étant pas prescrit par la loi il ne donne lieu à aucune contestation. Les usages actuels comportent donc tous les avantages du projet de loi sans en présenter les dangers. »

Votre Commission s'est ralliée à cette opinion et vous propose de repousser la modification apportée à l'art. 161.

Art. 162. — Faute de payement le jour de l'échéance, l'effet sera représenté au débiteur le lendemain par l'huissier ou notaire ; celui-ci, si l'effet n'est pas acquitté, laissera au débiteur, ou en cas d'absence, au lieu où l'effet était payable, une fiche indiquant son nom et son adresse, le nom du tiré, le montant de l'effet et la date de son échéance, le nom du tireur, les nom et adresse du porteur.

Le débiteur pourra retirer l'effet chez l'huissier le jour ou le lendemain du jour de la présentation. Le troisième jour, le défaut de payement sera constaté par un acte que l'on nomme protêt faute de payement.

Je ne puis que répéter les observations que j'ai eu l'honneur de vous présenter au sujet du projet Rabier ; votre Commission est opposée à toute prolongation des délais accordés actuellement au débiteur ; elle pense que la loi sur les protêts a pour but principal de sauvegarder les intérêts du créancier et o'étonne qu'on parnisse, dans les projets qui vous sont soumis, se préoccuper surtout de ménager le débiteur qui manque à ses obligations.

Art. 165. — Pour exercer son recours, soit individuellement contre son cédant, un autre endosseur ou le tireur, soit collectivement contre tous les endosseurs et le tireur, le porteur doit dénoncer le protêt et faire citer en justice, dans les quinze jours qui suivent la date de ce protêt, ceux contre lesquels il entend exercer son recours.

Chacun des endosseurs a le droit d'exercer le même recours individuellement ou collectivement, dans un nouveau délai de dix jours qui court à leur égard du lendemain de la citation en justice ou du payement.

Art. 166, § 2. — D'un mois pour celles qui étaient payables en Corse, en Algérie. (Le surplus comme à l'article.)

Votre Commission a réuni à dessein les art. 165 et 166 du projet qui englobent les art. 165, 166 et 167 du Code actuel.

La Commission de la Chambre des Députés conserve le délai de quinze jours actuellement accordé au porteur pour notifier le protêt à son cédant et citer ce dernier en justice et supprime les délais de distance en France ; elle réduit à dix jours le délai accordé à chacun des endosseurs pour exercer son recours, admet le délai d'un mois pour les lettres de change tirées de France et payables en Corse et en Algérie, fait disparaître la distinction qui existe aujourd'hui entre certains pays limitrophes de la France et les autres pays européens, et fixe pour tous les pays le délai de poursuites à deux mois.

Votre Commission, d'accord avec la Commission de la Chambre des Députés, estime que le cédant, les autres endosseurs et le tireur étant, à défaut de payement, solidairement débiteurs du porteur, les droits de chacun doivent être précisés dans un seul article.

Elle approuve la suppression des délais de distance en France, délais qui n'ont plus aujourd'hui de raison d'être, vu la rapidité des communications.

Mais, pour cette même raison, elle trouve excessifs les délais accordés.

Elle pense que l'huissier devrait être tenu de délivrer l'acte de protêt au porteur dans un délai de cinq jours, que le délai de quinze jours accordé au porteur devrait être réduit à dix jours ; que pour les pays européens les délais sont également exagérés.

Elle s'en rapporte à la sagesse des législateurs pour fixer ces délais au minimum.

Art. 167. — *Le débiteur qui paye, après la présentation par le porteur et avant le jour où le protêt doit être dressé, le montant d'une lettre de change entre les mains de l'huissier ou notaire qui la lui présente ou la lui a présentée, doit à ce dernier ses honoraires de présentation, fixés à 2 fr., outre le transport, s'il y a lieu.*

En cas de transport, l'indemnité due à l'huissier sera calculée sur la distance réelle parcourue, sans pouvoir être supérieure à la distance maxima due à l'un des huissiers du canton, d'après les tarifs en vigueur.

*L'huissier doit, dans les deux jours de la rédaction du
protêt, en donner un avis sommaire au tireur, en indiquant
le nom et le domicile du débiteur, les motifs du refus de payement et le montant de l'effet, le tout par simple lettre affran-
chie et moyennant un salaire de 0 fr. 50 (timbre compris).*

Votre Commission pense qu'il est utile de fixer les honoraires dus à l'huissier pour la présentation et que la somme
de 2 fr. n'a rien d'exagéré non plus que les frais de transport
proposés.

Elle pense enfin que le tireur a intérêt à savoir le plus tôt
possible qu'un effet est protesté et qu'il y a lieu d'approuver
la rédaction du dernier paragraphe de l'art. 167.

*Art. 173. — Les protêts faute d'acceptation ou de payement
sont faits par un huissier ; à défaut d'huissier dans une loca-
lité, les protêts peuvent être faits par le ou les notaires
résidents.*

Le protêt doit être fait :

*Au domicile ou au lieu où la lettre de change était
payable ;*

*Au domicile des personnes indiquées par la lettre de change
pour payer au besoin ;*

*Au domicile du tiers qui a accepté par intervention, le tout
par un seul et même acte.*

*En cas d'indications fausses ou insuffisantes, l'acte constate
que le débiteur ou les tiers indiqués pour payer au besoin ou
par intervention n'ont pas été trouvés.*

Vous le voyez, Messieurs, aux termes du premier paragraphe, l'huissier ou le notaire ne serait plus tenu de se faire
assister de deux témoins pour dresser un protêt.

Votre Commission, en raison des difficultés que l'huissier
éprouve la plupart du temps à se procurer des témoins, vous
propose d'adopter cette réforme.

Dans le deuxième paragraphe qui précise le lieu où le protêt
doit être fait, le projet supprime les mots « ou à son dernier
domicile connu. »

Enfin, le dernier paragraphe de l'art. 173 actuel dit que « en cas de fausse indication de domicile, le protêt est précédé d'un acte de perquisition. »

Aux termes du projet, l'acte constatera simplement que le débiteur ou les tiers indiqués n'ont pas été trouvés.

Votre Commission estime qu'il y a là une heureuse modification de la loi actuelle ; que les recherches au dernier domicile connu, les actes de perquisition n'avaient pour résultat que d'augmenter les frais sans utilité pour le porteur ou les endosseurs ; en un mot, qu'il y a lieu de supprimer le protêt dit de perquisition ou de mairie.

Art. 174. — L'acte de protêt comporte la transcription littérale de la lettre de change, de l'acceptation, des endossements et des recommandations qui y sont indiquées, la sommation de payer la lettre de change.

Il énonce la présence ou l'absence de celui qui doit payer, les motifs du refus de payer et l'impuissance ou refus de signer, le tout :

1º Sur un carnet à souches en mains de l'officier ministériel rédacteur ;

2º Sur un original séparé destiné au porteur.

En fait, le projet ne comporte aucune innovation ; il maintient la forme du protêt, avec raison, suivant votre Commission.

L'inscription sur un carnet à souches ne fait que remplacer avec avantage l'inscription sur un registre coté et paraphé prévu à l'art. 176 de l'ancienne loi.

L'original séparé destiné au porteur, est toujours délivré.

L'art. 174 du projet est complété par les dispositions suivantes :

Art. 2. — Les dispositions précédentes seront appliquées dans tous les cas où le Code de Commerce et les lois spéciales se réfèrent aux articles abrogés.

Art. 3. — Les huissiers ou notaires peuvent être autorisés à confier, sous leur responsabilité, la présentation des lettres de change et la rédaction des protêts à des clercs assermentés.

Les clercs assermentés seront Français et majeurs de

vingt-un ans ; ils seront nommés par ordonnance du Prési-
dent du Tribunal de Commerce, sur requête des huissiers ou
notaires.

Votre Commission pense que cette disposition ne peut que
faciliter la rédaction et la notification des protêts dans les
délais légaux, qu'il y a lieu de l'adopter, et d'ajouter à la
rédaction de l'art. 162 à la suite des mots « par l'huissier ou
notaire, » les mots « ou leurs clercs assermentés. »

Art. 4. — L'acte de protêt est inscrit à sa date, par ordre
de numéros sur le carnet à souches prévus par l'art. 174 et
délivré à l'huissier ou notaire, à un ou plusieurs exemplaires,
par l'administration de l'enregistrement et du timbre. Les
feuillets des actes de protêts sont numérotés à la presse et
timbrés au droit de 1 fr. 50, décimes compris.

Les souches sont conservées par les officiers ministériels ou
publics, et communiquées à toutes réquisitions aux préposés
de l'enregistrement.

Chaque feuillet non représenté donne lieu à une amende de
50 fr.

Les protêts qui ne sont pas rédigés sur les formules pres-
crites sont considérés comme non timbrés, le tout sans préju-
dice de dommages et intérêts envers les parties.

Les actes de protêt sont assujettis à un droit gradué de
0 fr. 50 par 100 fr. ou fraction de 100 fr. du montant total des
effets protestés, sans que ce droit puisse excéder 5 fr.

L'existence du livre à souches étant admise, les premiers
paragraphes ne font que régler les formalités y relatives.

Le dernier paragraphe seul constitue une réforme impor-
tante, puisqu'il substitue au droit fixe un droit propor-
tionnel.

Votre Commission est d'avis que le taux actuel de l'enregistrement est onéreux pour les petits effets ; elle est donc
d'avis d'adopter une échelle proportionnelle, mais elle fait
observer que le maximum de 5 fr. ne devrait être atteint qu'à
la somme de 2,000 fr.

Art. 5. — Un règlement d'administration publique déter-

minera la forme et le prix des carnets, ainsi que toute autre
mesure d'exécution de la présente loi.

Art. 6. — L'obligation imposée au porteur de la lettre de
change par l'art. 161 ne pourra être remplie par les huissiers
ou notaires et leurs clercs assermentés ou préposés.

Vous vous rappelez, Messieurs, que l'obligation imposée
au porteur par l'art. 161 consiste à déposer, lors de la présentation, un bulletin indiquant le nom et l'adresse du porteur
et le montant du titre ; votre Commission vous a proposé de
rejeter l'art. 161 ; ce rejet entraînerait la suppression de
l'art. 6. Mais au cas où l'art 161 serait adopté, l'art. 6 aurait
des conséquences considérables.

En effet, du moment que l'huissier ne pourrait déposer ce
bulletin, il ne pourrait plus opérer les recouvrements. Si
tel est le but du projet, il serait préférable d'inscrire claire-
ment dans la loi qu'il est interdit aux huissiers de faire les
recouvrements.

Une circulaire du Garde des Sceaux avait en effet, il y a
quelques années, interdit cette opération aux huissiers. Il y
a eu de nombreuses protestations de la part des commerçants.

En 1882, *l'Union des Banquiers* a obtenu du Gouvernement
qu'il renonçât à mettre en vigueur la circulaire du Garde des
Sceaux interdisant les recouvrements aux huissiers. On avait
reconnu, dit le procès-verbal de *l'Union*, combien cette mesure
était peu libérale, tant à l'égard des officiers ministériels à qui
l'interdiction s'appliquait, qu'à l'égard des banquiers dont elle
avait pour but de gêner les opérations au profit de l'administration des postes, devenue elle-même agence de recouvrements, en concurrence avec une industrie libre et chargée
d'impôts dont cette administration est exonérée.

Un autre procès-verbal de *l'Union* faisait ressortir :

Le dommage qui résultait pour le public de la désorganisa-
tion du service des recouvrements chez les banquiers par
suite de cette interdiction ;

Les dangers que présentait l'exagération du service des
recouvrements confiés à la poste au point de vue de la régula-

rité de son service principal : la distribution des lettres, et de la sécurité des facteurs, etc.

A la suite de ces observations, le Gouvernement informait, le 9 juin 1882, *l'Union des Banquiers* qu'il renonçait à mettre en vigueur la circulaire du Garde des Sceaux.

Votre Commission vous a déjà signalé que c'était par les huissiers que l'on pouvait opérer les recouvrements au taux le moins onéreux.

Par toutes ces considérations, elle vous propose de rejeter l'art. 6 sus-transcrit.

Art. 7. — La présente loi est applicable à l'Algérie et aux colonies.

Là s'arrête le projet de la Commission de la Chambre des Députés et il ne me reste plus, pour répondre à l'invitation de M. le Ministre du Commerce, qu'à formuler quelques vœux au nom de votre Commission.

Le projet de la Chambre n'abroge pas l'art. 176.

Sans doute, le projet ne parle plus de l'obligation imposée aux huissiers de laisser copie du protêt au débiteur et modifie le mode d'inscription prévu, mais il y aurait ambiguïté si l'abrogation de l'art. 176 n'était pas nettement énoncée dans la nouvelle loi.

D'ailleurs, l'abrogation de cet article s'impose au moins en ce qui concerne la copie à laisser au tiré. En pratique, jamais cette copie n'est délivrée; l'usage est tellement établi que les magistrats eux-mêmes, chargés de faire observer la loi, le respectent. Il est mauvais de laisser subsister dans la loi une disposition qui est violée chaque jour.

Il arrive également, Messieurs, que le débiteur, sommé de payer, offre des a-comptes ; actuellement l'huissier n'est pas tenu de les accepter ; souvent il les refuse et lorsque le porteur vient à poursuivre, il ne trouve plus la somme qui lui avait été offerte.

Ne serait-il pas bon d'obliger l'huissier à accepter les a-comptes offerts ? Le protêt serait dressé pour le surplus.

Enfin, la loi dit que la lettre de change doit être présentée le jour de son échéance; mais il arrive souvent, surtout hors des villes, qu'elle est présentée tardivement ; si le tiré est un grand commerçant, cela présente peu d'inconvénients ; il n'en est pas de même à l'égard du petit commerçant ou du simple particulier. S'il a des traites à payer, il sera justement obligé de se tenir prêt à payer le jour de l'échéance, mais ne saurait être contraint d'attendre plusieurs jours le bon plaisir du porteur. S'il n'a pas d'employé et s'absente, il est exposé à voir sa signature protestée.

Ne serait-il pas bon de permettre au débiteur de déposer en mains tierces, dès le lendemain du jour de l'échéance, la somme à payer ?

Le dépôt pourrait, puisqu'il s'agit surtout des petits pays, être effectué an bureau de poste, et la rémunération due à la poste pour ce service, serait à la charge du porteur qui aurait présenté tardivement. Le protêt ne pourrait être fait par l'huissier que lorsque l'effet serait resté impayé après présentation au domicile du tiré et au bureau de poste. La Commission n'insiste pas d'ailleurs sur le mode d'opérer, mais sur le principe du dépôt.

Telles sont, Messieurs, les conclusions de votre Commission, conclusions que j'ai l'honneur de soumettre à votre approbation.

Lecture faite du rapport, le Tribunal en adopte la teneur à l'unanimité et décide qu'il sera imprimé et adressé à M. le Ministre du Commerce, de l'Industrie et des Colonies, ainsi qu'à M. le Garde des Sceaux, Ministre de la Justice.

Fait et délibéré, à Rouen, le 16 Octobre 1890.

SIGNÉ A LA MINUTE :

Le Président, ALFRED PIMONT.

Le Greffier en chef, HENRI FAUCON.

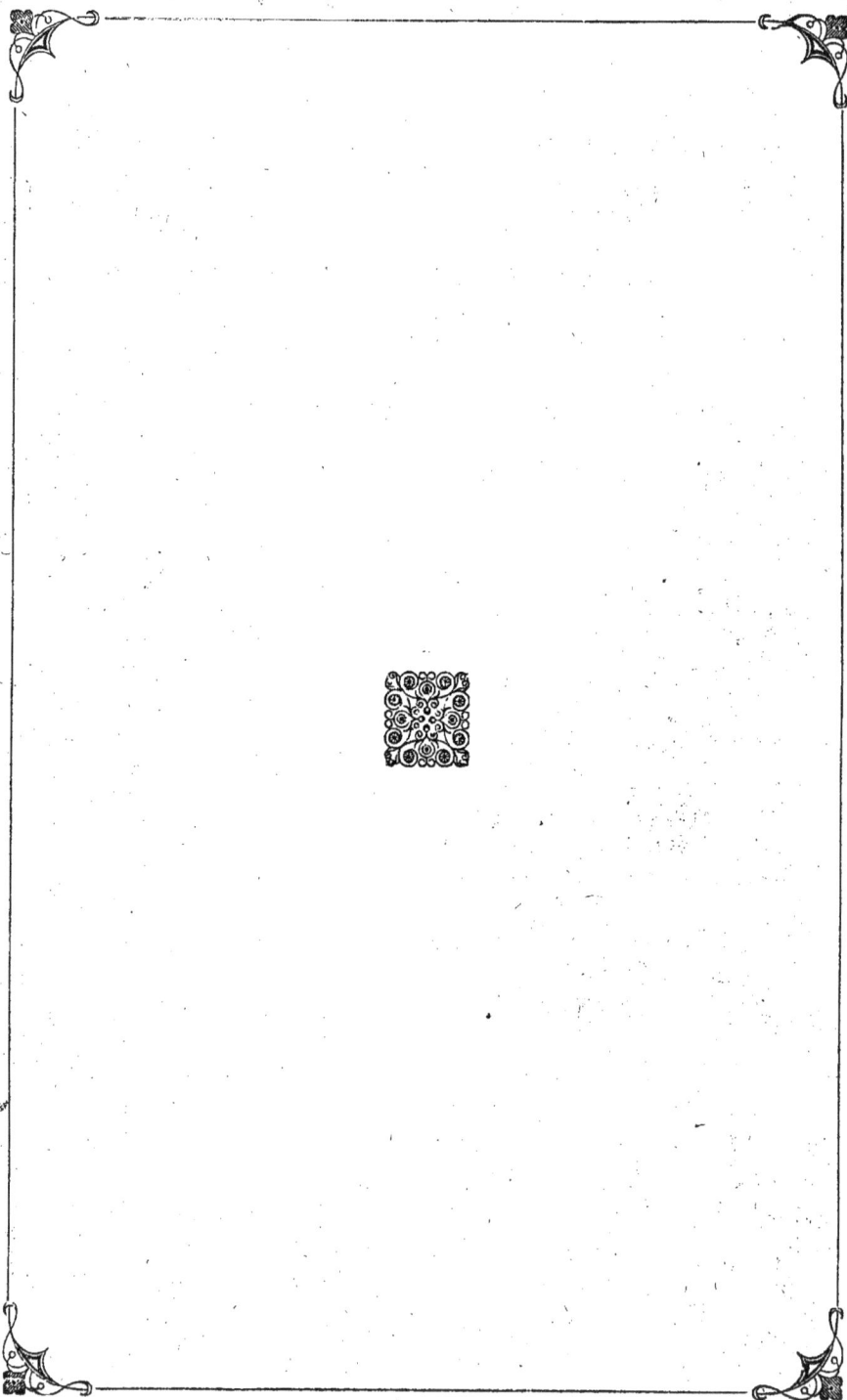

www.ingramcontent.com/pod-product-compliance
Lightning Source LLC
Chambersburg PA
CBHW050501210326
41520CB00019B/6302